EL MUNDO
MARINO

FRANCESCA BAINES

TWO·CAN™

PRINCETON ■ LONDON

Cómo usar este libro

Referencias cruzadas
Busca las páginas que se citan en la parte superior de las páginas de la izquierda para saber más de cada tema.

Haz la prueba
Estas burbujas te permiten poner en práctica algunas de las ideas de este libro. Así podrás comprobar si esas ideas funcionan.

Rincón bilingüe
Aquí encontrarás las palabras clave de cada tema, así como frases y preguntas relacionadas con el mismo. ¿Puedes contestar las preguntas? Verás también las **palabras clave en inglés**, junto con su **pronunciación inglesa**. Practica en inglés las palabras que aparecen en negrita dentro de las frases y preguntas.

Curiosidades
En este apartado encontrarás datos de interés sobre otros asuntos relacionados con el tema.

Glosario
Las palabras de difícil significado se explican en el glosario que encontrarás al final del libro. Estas palabras aparecen en negritas a lo largo de todo el texto.

Índice
Al final del libro encontrarás el índice, que relaciona por orden alfabético la mayoría de las palabras que aparecen en el texto. Localiza en el índice la palabra de tu interés y ¡verás en qué página aparece la palabra!

Contenido

Océanos del mundo

Los océanos cubren más de la mitad de la Tierra. Cuando se dividen en masas de agua más pequeñas, forman los mares. En algunas partes, el océano es profundo, oscuro y frío. En otras, sus aguas son cálidas, claras y poco profundas.

Habitantes de los océanos

Bajo sus olas, el océano está lleno de animales extraordinarios, desde diminutos peces a ballenas enormes. Algunos de los más importantes son tan pequeños que no se ven a simple vista: constituyen el **plancton**, y sirven de alimento a otros animales.

Bajo el agua

En algunos sitios, el fondo o lecho del océano es lodoso y turbio; en otros es arenoso y, en otros, rocoso. A veces, es llano, pero también tiene grandes montañas o grietas profundas y estrechas, llamadas fosas marinas.

▶ ¡Es divertido jugar en la playa!

◀ Arrecifes de coral de brillante colorido crecen en aguas cálidas y poco profundas. Muchos peces buscan ahí su alimento y otros más **se** ocultan de algún enemigo.

Movimiento constante

El océano siempre está en movimiento. Las **corrientes** originadas por los vientos, la rotación del planeta y la temperatura de la Tierra arrastran sus aguas a distintas partes del mundo.

Potentes olas

El viento sopla en la superficie del océano, formando olas. En un día de calma, las olas son pequeñas, pero, cuando hay tormenta, las olas son grandes y el agua se agita. Al chocar contra la costa, las olas desgastan lentamente las rocas de la **playa**.

Rincón Bilingüe

ballenas · whales · *uéils*
cálido · warm · *uórm*
frío · cold · *cóuld*
olas · waves · *uéivs*

pez · fish · *fish*
playa · beach · *bich*
profundo · deep · *díip*
viento · wind · *uínd*

¿Qué es lo que forma las **olas**?
¿Es más grande un mar que un océano?

véase: Océanos del mundo, pág. 4; Aguas poco profundas, pág. 10

La costa

Cada día, el mar se adentra en la costa y luego se retira de nuevo. Estos movimientos son las **mareas**. Con **marea** alta, las aguas entran a la playa invadiéndola. Con **marea** baja, las aguas vuelven a su lugar. Por eso, muchos animales que viven en la costa son anfibios: pueden vivir en el agua y en tierra.

CURIOSIDADES

Las aguas de los océanos confluyen y se mezclan. Un objeto que caiga en el mar puede ser llevado a miles de kilómetros de donde cayó. Los cocos que caen de los árboles en alguna isla tropical aparecen después en las costas de lugares fríos.

La almeja pertenece al mismo grupo de animales que la babosa marina. Sus conchas son de muchas formas y tamaños.

*Una anémona atrapa su alimento con sus **tentáculos**. Si es atacada, esconde sus **tentáculos**.*

El caracol de mar se adhiere a la roca mediante ventosas. Su concha lo protege de posibles enemigos.

*La lombriz de mar vive en la arena fría y húmeda. Otros seres, como los cangrejos, se ocultan en la arena, mientras aguardan que suba la **marea**.*

almeja gigante

Los **moluscos** viven en conchas que los protegen. Los mejillones y las ostras tienen dos conchas firmemente encajadas entre sí; cuando van a comer, éstas se abren y el agua se filtra a través de delgados filamentos donde quedan atrapados los trocitos de alimento. Si el **molusco** se siente amenazado, las conchas se cierran rápidamente.

ostras

Moluscos

En el océano abundan unos animales de cuerpo blando, llamados **moluscos**. Éstos son un alimento importante para otros seres marinos.

El erizo de mar tiene un cuerpo blando protegido por púas. Come plantas y animalillos que viven en las rocas.

La estrella de mar tiene cinco brazos con los que se arrastra sobre el fondo marino. Si un pez le muerde un brazo, éste le vuelve a crecer.

La lapa tiene una concha en forma de cono. Se adhiere a las rocas fuertemente y es casi imposible desprenderla.

Rincón Bilingüe

agua · water · *uóter*
cangrejo · crab · *crab*
concha · shell · *shel*
estrella de mar · starfish · *starfish*
mareas · tides · *táids*
mojado · wet · *uét*
molusco · mollusk · *mólosc*
orilla · seashore · *sí-shor*
tierra · land · *land*

El cuerpo de los **moluscos** es blando.
¿Cuántos brazos tiene la **estrella de mar**?

véase: La costa, pág. 6

Los crustáceos

Los cangrejos, langostas, camarones y gambas pertenecen a una misma familia: los **crustáceos**. Su cuerpo es blando, con un caparazón llamado exosqueleto. Éste les sirve de protección contra los enemigos hambrientos. Los crustáceos comen cuanto hallan en el fondo del mar y la **playa**.

Cómo crecen los cangrejos
El cangrejo no crece de la misma manera que la mayoría de los animales porque su cuerpo está encerrado en un caparazón. Cuando el cuerpo ya no cabe en el caparazón, éste se quiebra, apareciendo otro nuevo que se endurece a los pocos días.

▼ **El ermitaño carece de caparazón. Vive en el caparazón que otro animal marino ha dejado abandonado y, a medida que crece, se muda a otro más grande.**

▲ **El cangrejo tiene ocho patas para caminar y dos grandes pinzas para triturar el alimento.**

Langostas

La langosta suele ocultarse de día y cazar de noche su alimento. De sus **pinzas**, una es más grande que la otra. Con la grande tritura a su presa; y con la pequeña, corta el alimento en trozos.

◀ La langosta tiene dos largas antenas que le sirven para percatarse de cualquier cosa que se mueva a su alrededor.

▲ Cada año, cuando las tormentas se desatan en La Florida, Estados Unidos, grupos de langostas caminan, una tras otra, sobre el fondo de aguas más tranquilas.

Un camarón útil

Los camarones son un preciado alimento para los peces, pero a los limpiadores no se los comen. Los camarones limpiadores limpian el cuerpo del pez, comiéndose a los animalillos que se arrastran sobre él.

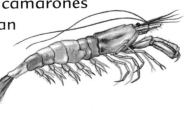

Rincón Bilingüe

día · day · *déi*
duro · hard · *jard*
gamba · shrimp · *shrimp*
grande · large · *larch*
langostas · lobsters · *lóbsters*
limpio · clean · *clín*
más grande · larger · *lárcher*
noche · night · *náit*
ocho · eight · *éit*

¿Cuántas patas tiene el cangrejo?
Las **langostas** están provistas de antenas.

véase: La costa, pág. 6; El coral, pág. 12

Aguas poco profundas

Las partes menos profundas del océano, donde la tierra se adentra en el mar en suave pendiente, se llaman **plataformas continentales**. Ahí la luz solar llega casi hasta el fondo y crecen plantas como las **algas** y los sargazos. Estas aguas son cálidas y claras y están llenas de **plancton**.

Plantas sin raíces
Las *algas* pertenecen a un grupo de plantas marinas que no tienen raíz y que son diferentes de las plantas que crecen en la tierra. Las *algas* no tienen raíces, sino unos filamentos llamados zarcillos, con los que se adhieren a las rocas o al fondo.

zarcillos..........

▲ El caballito de mar vive entre las algas. Cuando descansa se adhiere con su cola al alga para no subir flotando.

Pequeño tiburón
El cazón pertenece a la familia de los tiburones. Pone sus huevos entre las **algas**, envueltos en una cápsula especial, provista de filamentos con los que el huevo queda adherido a las **algas**.

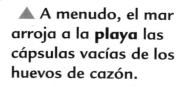

▲ A menudo, el mar arroja a la **playa** las cápsulas vacías de los huevos de cazón.

▼ En los bosques de quelpos, las **algas** más grandes, muchos animales se refugian. Pero ballenas, focas, morsas y tiburones suelen capturar ahí su alimento.

Rincón Bilingüe

algas · seaweeds · *síuíds*
caballito de mar · seahorse · *síjors*
claro · clear · *clíar*
cola · tail · *téil*
el más grande · biggest · *bíguest*
luz del sol · sunlight · *sonláit*
quelpos · kelps · *quelps*
roca · rock · *rok*

Los **caballitos de mar** viven entre las **algas**.
El **quelpo** es la más grande de las **algas**.

véase: Aguas poco profundas, pág. 10

El coral

En ciertas partes del mundo, donde el océano es claro, caliente y poco profundo existen hermosos jardines subacuáticos, los arrecifes de coral. Hay muchas clases de coral: en abanico, de media luna, o en tubo. Muchos son de consistencia dura, pero también hay coral blando, que se mece al vaivén de las **corrientes**.

Distintos tipos de coral

El coral está formado por millones de pequeños animales que se agrupan en formas muy variadas.

coral en forma de cerebro

coral en forma de abanico

coral en forma de dedo

Lugares para esconderse

Los arrecifes de coral forman túneles, cuevas y pequeños agujeros, que sirven de escondite a muchas criaturas marinas. Pequeños peces suelen esconderse entre los corales para huir del pez grande que quiere comérselos.

▲ En el Mar Rojo, en Egipto, hay un largo arrecife de coral. Los buceadores hallan en él muchos peces de colores, como este candil.

Rincón Bilingüe

agujero · hole · *jóul*
coral · coral · *córal*
cueva · cave · *kéiv*
diferente · different · *dífferent*
jardínes · gardens · *gárdens*
lejos · far · *far*
muy pequeño · tiny · *táini*
túnel · tunnel · *tónnel*

¿Cuántos tipos de **coral** conoces?
¿Hay **jardines** en el fondo del mar?

véase: Aguas poco profundas, pág. 10

El mar abierto

Los mares de la Tierra son el hogar de miles de clases de animales cuya actividad consiste en buscar alimento y protegerse para no ser comidos. Muchos recorren enormes distancias buscando alimento. Otros se dejan llevar por las **corrientes** marinas que los arrastran.

Vida bajo las olas

Criaturas marinas de todo tipo viven en distintos lugares del océano. Algunas permanecen cerca del lecho del océano donde cazan su alimento. Otras, como las ballenas, viven cerca de la superficie del agua porque necesitan respirar.

¿Cómo respira el pez bajo el agua?
El pez respira bajo el agua por una especie de laminillas llamadas *branquias*. Sorbe el agua con la boca y la bombea a través de las *branquias*. Esto hace que el *oxígeno* que hay en el agua pase a su sangre.

agua

branquias

La serpiente marina posee una cola plana que funciona del mismo modo que un remo, permitiéndole avanzar a través del agua.

La platija vive en el fondo del mar. Tiene los ojos en la parte superior de la cabeza, para observar lo que sucede arriba.

*La raya, con su cuerpo plano y aletas que parecen alas da la sensación de volar en el agua. La raya eléctrica puede lanzar contra su **presa** una potente descarga eléctrica.*

Rincón Bilingüe

branquias · gills · *guíls*
medusa · jellyfish · *chélifish*
raya · ray · *réi*
pez volador · flying fish · *fláiing fish*
predador · predator · *prédator*
serpiente marina · seasnake · *sísneik*
superficie · surface · *sórfeis*
tortuga marina · sea turtle · *sí tortel*

¿Tú tienes **branquias**? ¿Las necesitas?
¿Cómo se mueve la **serpiente marina**?

◀ Un grupo o banco de peces
nadan juntos para no ser atacados.

*El pez volador puede
saltar desde el agua
y volar a ras de
la superficie.*

Bancos relucientes de peces

Algunos peces nadan en grandes
grupos, llamados bancos. El banco
dificulta que los **depredadores** atrapen
un pez. A veces, el banco incluso puede
ser confundido con un enorme pez.

*La tortuga vive la mayor parte de su vida en
el océano, recorriendo enormes distancias a
través de las aguas cálidas de la Tierra.*

*......... La medusa es
arrastrada por la
corriente, esperando
atrapar una presa
entre sus **tentáculos**
urticantes.*

Véase: El mar abierto, pág. 14

Criaturas abismales

La luz no llega al fondo del océano. Muchos animales de aguas profundas tienen maneras ingeniosas de producir su propia luz para ver en la oscuridad. Son también rápidos para cazar su alimento, que a veces es difícil encontrar.

Brillar en la oscuridad

Los animales marinos que brillan en la oscuridad utilizan la luz de distintas maneras. La medusa lanza destellos para asustar al enemigo. El pejesapo atrae con su luz a su presa o hace que un compañero se le acerque. Otros, como el pez linterna, se comunican entre sí con su luz, o ésta también les sirve para cazar.

pez linterna

◄ El pez linterna posee bandas luminosas bajo los ojos que puede encender y apagar como los faros de un coche.

▼ La medusa que brilla en la oscuridad lanza destellos para asustar a sus enemigos.

medusa...........

◄ El pejesapo posee un saliente o bastoncito encima de su cabeza que lanza destellos para atraer a sus presas. Éstas, en la oscuridad, no pueden ver que están nadando hacia la boca del pejesapo.

La golondrina de mar posee un estómago elástico que puede contener un pez tan grande como ella. Una comida puede llevarla en él mucho tiempo.

pez trípode .....

ofiuro

.... cohombro
de mar

▲ El pez trípode, los cohombros de mar, y los ofiuros viven en el fondo marino, en las partes más profundas. Comen todo lo que se hunde en el fondo.

.... anguila devoradora

▲ La anguila devoradora nada con sus enormes mandíbulas abiertas. Devora todo lo que entra en su boca.

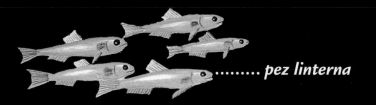

.... pez linterna

▲ El pez linterna abunda en las grandes profundidades. En las noches sin luna sube hasta la superficie para comer plancton.

Rincón Bilingüe

alimento · food · *fud*
boca · mouth · *máuz*
comer · eat · *it*
fondo · bottom · *bótom*
luz · light · *láit*
oscuro · dark · *darc*
pez linterna · lantern fish · *lántern fish*
presa · prey · *préi*

El **fondo** del océano es siempre frío y **oscuro**. Algunos peces producen su propia **luz**.

véase: Los crustáceos, pág. 8; El mar abierto, pág. 14

Pulpos y calamares

Los pulpos y los calamares pertenecen a un grupo de animales que poseen **tentáculos**. El pulpo tiene ocho **tentáculos** con ventosas en sus extremos. Con ellos puede moverse sobre el fondo del mar. Con las ventosas sujeta la comida o se adhiere con fuerza cuando los **depredadores** atacan.

Animales inteligentes
Muchos científicos creen que los pulpos son criaturas inteligentes. Se ha descubierto que aprenden con rapidez y pueden hacer cosas como quitar el tapón de una botella. En experimentos, se ha sabido que los pulpos han robado comida de los tanques de otros pulpos.

▼ El calamar posee ocho cortos **tentáculos** para nadar y dos más largos para atrapar la comida.

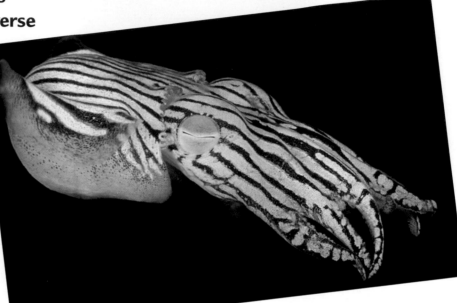

CURIOSIDADES

El calamar gigante puede medir más de 15 m, lo mismo que medirían siete buzos si nadaran unida la mano de uno a la aleta del otro. Incluso se cuenta que estos monstruos han luchado con ballenas.

HAZ LA PRUEBA

Puedes ver cómo nada el pulpo o el calamar arrojando agua de su cuerpo. Infla un globo, pero no demasiado, y suéltalo bajo el agua. Conforme el aire se escapa, el globo se desplaza, como lo hacen el pulpo o el calamar.

Camuflaje
El pulpo cambia de color en pocos segundos confundiéndose con las rocas y el coral. Esto se llama **camuflaje**. Así, no puede ser localizado, puede acercarse con sigilo a su **presa** u ocultarse de los enemigos.

▼ Cuando los pulpos y los calamares son atacados, se ocultan del enemigo lanzando a chorro una nube de tinta.

Rincón Bilingüe

calamar · squid · *scuíd*
cincuenta · fifty · *fifti*
globo · balloon · *balún*
monstruo · monster · *mónster*
ocho · eight · *éit*
pulpo · octopus · *óctopos*
tentáculos · tentacles · *téntaquels*
tinta · ink · *ink*

El **pulpo** tiene **ocho tentáculos**.
¿Cómo se protegen los **calamares**?

véase: El mar abierto, pág. 14; Criaturas abismales, pág. 16

Tiburones

Los tiburones son los peces más grandes del mundo. Algunos de ellos son grandes cazadores con dientes como cuchillas de afeitar, pero otros comen sólo el diminuto **plancton**. Tienen un oído excepcional y perciben el sonido de un chapoteo en el agua a larga distancia. Poseen también un buen sentido del olfato y pueden oler animales heridos y que serán **presa** fácil.

Un juego completo de dientes

Durante la vida del tiburón, tiene miles de dientes que crecen en hileras. En cuanto uno de los dientes de la hilera de delante se rompe o se cae, el de la hilera de atrás se mueve hacia adelante para ocupar su lugar.

primera .... hilera

segunda .... hilera

◄ Los tiburones poseen dientes muy fuertes y afilados.

El gran tiburón blanco

El más peligroso de los tiburones es el gran tiburón blanco. Es un potente cazador con fuertes mandíbulas y dientes enormes en forma de sierra. Normalmente, el tiburón blanco come animales, pero a veces ataca al ser humano.

Cabezas extrañas

El pez martillo posee una cabeza de forma extraña con un ojo y una ventana de la nariz a cada lado. Cuando el tiburón busca alimento, mueve su cabeza de lado a lado, para ver a su alrededor. Algunos tipos de pez martillo son cazados por el hombre para aprovechar su piel y aceite.

► El pez martillo es un nadador rápido y potente.

▼ El gran tiburón blanco puede ser tan largo como alta es una jirafa. Cuando caza puede nadar cinco veces más rápido que el ser humano.

Rincón Bilingüe

blanco · white · *uáit*
cazador · hunter · *jónter*
fuerte · strong · *strong*
gran · great · *gréit*
peligroso · dangerous · *déngeros*
piel · skin · *skin*
presa · prey · *préi*
tiburón · shark · *shark*

Describe cómo es el **gran tiburón blanco**.
Los **tiburones** tienen miles de dientes.

véase: El mar abierto, pág. 14; Pulpos y calamares, pág. 18

Las ballenas

Las criaturas marinas más grandes son las ballenas. Aunque parecen peces, son mamíferos, por lo que necesitan aire para respirar. Aspiran el aire a través de los orificios nasales de la parte superior de su cabeza. Los delfines y las marsopas pertenecen también a esta familia. Se llaman ballenas dentadas, y sus dientes son afilados.

Grande y azul

La ballena azul es la ballena más grande y posiblemente el mayor animal de todos los que han vivido sobre la Tierra, incluido el dinosaurio más grande. La ballena azul adulta tiene el tamaño de un jumbo grande. Es también el animal más ruidoso del mundo. Gimen y gruñen sordamente entre sí.

Ballenas de barbas

Existen dos tipos de ballenas, las de barbas y las de dientes. Las de barbas no poseen dientes, sino una hilera de láminas de barbas, llamadas también ballenas, que parecen peines. Las ballenas de barbas comen sólo unos diminutos animales, llamados krill, que pueden pasar por las láminas.

láminas de barbas

krill *agua*

respiradero

¿Delfín o marsopa?
Aunque parecen
iguales, no lo son. Los
delfines viven en grandes
grupos, mientras que las
marsopas suelen vivir
solas. Los delfines son
también más amistosos
y poseen narices más
largas. El delfín más
grande es la ballena
asesina. Alcanza una
longitud de 10 m,
lo que equivale a tres
elefantes de pie unidos
cabeza y cola.

▶ **Los delfines comunes
gustan de jugar juntos.
A menudo saltan del
agua al mismo tiempo.**

▲ **La ballena azul
tiene un apetito voraz.
Las adultas comen
diariamente grandes
cantidades de krill.**

Rincón Bilingüe

ballenas · whales · *uéils*
cabeza · head · *jéd*
criatura · creature · *críchur*
delfín · dolphin · *dólfin*
dinosaurio · dinosaur · *dáinosor*
mamífero · mammal · *mámmal*
plano · flat · *flat*
respiradero · blowhole · *blóujóul*

Las **ballenas** necesitan aire para respirar.
¿Es el **delfín** una marsopa?

véase: La costa, pág. 6; El mar abierto, pág. 14

Aves marinas

Algunas aves marinas viven en la **playa**. Poseen largas patas para vadear aguas poco profundas, y picos delgados para sacar la comida del lodo o la arena. Otras viven lejos, mar adentro. Son buenas para volar y se mantienen durante semanas en el aire. Todas ellas regresan a la playa para depositar sus huevos.

◄ Muchas aves marinas divisan a los peces desde el aire. Luego se abalanzan sobre ellos a gran velocidad.

▼ Los alcatraces, como muchas aves marinas, viven sobre rocas y acantilados.

Las gaviotas depositan sus huevos en los bordes de los acantilados. Los huevos no se caen de las rocas debido a su forma puntiaguda. Si son golpeados o se mueven, sólo giran en círculo. Compruébalo modelando con plastilina huevos en esa forma y viendo cómo giran.

Voladores de grandes distancias

El albatros es un ave marina de gran tamaño, de fuertes alas. Puede volar sobre el mar durante meses sin descender a tierra. Para volar, planea en el aire, empujado por el viento.

▲ El albatros ojeroso baja a tierra sólo para poner los huevos y cuidar de sus polluelos.

Rincón Bilingüe

aire · air · *er*
albatros · albatross · *albatros*
alcatraz · gannet · *gannet*
arena · sand · *sand*

ave marina · seabird · *sí berd*
barro, lodo · mud · *mood*
cielo · sky · *scái*
delgado · thin · *zin*

¿Ponen las **aves marinas** sus huevos en el mar?
El **albatros** vuela sobre el océano durante meses sin parar.

véase: Las ballenas, pág. 22

Aguas frías

Los océanos que rodean a los polos están cubiertos de hielo, pero llenos también de vida. Los animales que viven allí y a su alrededor, como peces, focas y ballenas, están adaptados al frío. Las focas poseen gruesas capas de grasa que las aísla del frío y los peces tienen un tipo de sangre especial que no se congela.

CURIOSIDADES

Nadie ha visto nunca a una sirena, pero existen muchas historias acerca de esta extraña criatura, mitad pez y mitad mujer. La mayoría de la gente cree ahora que las sirenas son en realidad morsas.

▲ Las morsas viven en grandes grupos. Utilizan sus dos largos dientes frontales o colmillos para excavar, buscando comida, en el fondo del mar. Sus bigotes les sirven para seleccionar lo que pueden comer.

Focas y leones marinos

Las focas y los leones marinos se parecen, pero no son lo mismo. Los leones marinos se mueven por la tierra seca utilizando sus fuertes aletas frontales; las focas poseen aletas delgadas y se arrastran sobre sus vientres.

▼ Los pingüinos de Adelia son excelentes nadadores, pero se mueven con torpeza en tierra. Permanecen semanas en el mar.

▲ Cuando la foca está bajo el agua, puede cerrar su boca, nariz y orejas, así como sus ojos. Abre pequeños respiraderos en el hielo, lo que le permite subir a por aire.

Pingüinos

El pingüino es un ave que no puede volar. En tierra camina torpe sobre sus cortas patas, pero en el agua es tan veloz como una foca. Utiliza sus alas como remos para moverse en el agua y sus patas palmeadas para girar. Mientras nada, su vientre blanco impide que los depredadores lo vean desde abajo.

Rincón Bilingüe

congelado · frozen · *fróussen*
foca · seal · *síil*
largo · long · *long*
mitad · half · *jaf*

morsa · walrus · *uólrus*
pingüinos · penguins · *pénguins*
Polo · Pole · *póul*
sirena · mermaid · *mérmeid*

La **morsa** tiene dos largos dientes frontales.
¿Por qué los **pingüinos** tienen el vientre de color blanco?

véase: La costa, pág. 6; El coral, pág. 12

Océanos en peligro

En todo el mundo, la gente se alimenta con los animales del mar. Pero se pescan demasiados peces y no quedarán los suficientes para el futuro. Los mares se están **contaminando**. Debemos cuidarlos para que sean seguros para nosotros y para los animales que viven en ellos.

No arrojes basura

No tires basura al mar ni la dejes en la playa. Si lo haces, la basura se irá al fondo del mar o será arrojada a otra playa. La basura puede dañar a los animales al quedar atrapados en ella o al comérsela. Lleva siempre la basura a casa y deposítala en el cubo.

▲ Incluso grandes animales como esta foca pueden quedar atrapados en la basura. Un animal puede meter la cabeza por los agujeros de una red y luego no poder liberarse.

▲ En algunos países, los desperdicios de las fábricas se arrojan al mar. Esto daña a los animales que viven en él.

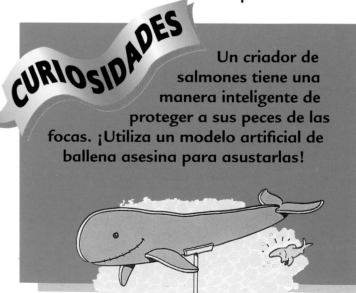

CURIOSIDADES

Un criador de salmones tiene una manera inteligente de proteger a sus peces de las focas. ¡Utiliza un modelo artificial de ballena asesina para asustarlas!

¿Demasiados peces?

Las técnicas de pesca han mejorado tanto que muchos países han impuesto leyes acerca de la cantidad de pesca permitida. No se pueden usar redes de pequeños agujeros porque atrapan demasiados peces. Si tienen agujeros grandes, los peces jóvenes pueden salirse y reproducirse.

▼ **Los pequeños barcos de pesca capturan menos peces que los grandes. Así se dejan más peces en el mar para reproducirse.**

Rincón Bilingüe

ballena asesina · killer whale · *kiler uéil*
basura · trash · *trash*
contaminación · pollution · *polushon*
libre · free · *frí*
peces · fish · *fish*
pesquero · fishing boat · *físhing bóut*
redes · nets · *nets*
salmón · salmon · *so-mon*

¿Cuáles **pesqueros** capturan menos **peces**?
Desecha la **basura** adecuadamente.

N223H

Curiosidades

● Los machos de los caballitos de mar son padres excelentes que cuidan los huevos de la hembra. Los llevan consigo en una bolsa en la parte inferior de su cuerpo hasta que los huevos estén listos para eclosionar.

☆ *La almeja azul gigante es un tipo de molusco que puede vivir más de cien años. A veces produce una piedra preciosa, la perla, en su concha.*

● Las serpientes de mar matan a los peces con una mordedura venenosa. Una sola gota de su potente veneno podría matar a tres personas.

☆ *La estrella de mar tiene una extraña manera de comer. Puede sacar todo su estómago de su cuerpo y arrojarlo sobre su desafortunada presa. La presa permanece cubierta por el estómago hasta ser devorada.*

● El pez más pequeño del mundo es el gobio de Luzón, que vive en el Océano Pacífico. ¡Es apenas del tamaño de un frijol!

☆ *¿Sabías que las ballenas cantan? Bajo el agua pueden oírse sus canciones desde cientos de kilómetros.*

● Las mamás pingüinos pueden reconocer a sus hijos sobre un iceberg muy concurrido. Para la madre cada bebé emite sonidos diferentes y ella distingue a su hijo simplemente oyendo su silbido.

☆ *La hembra de la tortuga de mar deposita sus huevos en la arena de la playa. Deja a sus bebés que salgan de los huevos sin ninguna ayuda, pero éstos saben que en cuanto salen, deben correr hasta el mar.*

● Los cangrejos ermitaños pueden crecer hasta distintos tamaños. Algunos son tan grandes como tu mano, pero otros son tan pequeños como un chícharo.

☆ *Los delfines tienen su propio lenguaje. Se comunican entre sí emitiendo chirridos y silbidos.*

Glosario

algas Familia de plantas que viven en la superficie o el fondo de aguas dulces o saladas.

branquias Parte del cuerpo que absorbe el oxígeno del agua. Los animales con branquias respiran bajo el agua.

camuflaje Disfraz que oculta algo, usualmente con el fin de aparecer fundido en el entorno que lo rodea. Esto confunde a los enemigos.

contaminado Algo que ha sido dañado por otras sustancias.

corriente Cantidad grande de agua o de aire que fluye en una dirección.

criar Engendrar hijos de su misma especie.

crustáceo Criatura que no tiene huesos. Su cuerpo está cubierto por una concha exterior dura que se llama exosqueleto.

depredador Animal que caza a otros animales para comérselos.

mareas Subida y retirada del nivel del agua en el borde del océano.

moluscos Tipo de animales de cuerpo blando que no tienen columna vertebral.

oxígeno Gas que se encuentra en el aire y el agua. Las plantas y los animales necesitan oxígeno para vivir.

pinza Garra muy potente hecha de dos partes que se cierran fuertemente para sostener o cortar algo.

plancton Plantas y animales diminutos que viven en el mar.

plataforma continental La parte poco profunda del lecho del océano junto a la playa.

playa Extensión de tierra junto a la orilla del mar, normalmente cubierta de arena o de pequeños guijarros.

presa Animal que es cazado por otro animal para alimento.

tentáculos Apéndices largos, más bien como brazos que los animales utilizan para agarrar o sostener cosas.

Índice

Publicado en los Estados Unidos y Canadá por
Two-Can Publishing LLC
234 Nassau Street
Princeton, NJ 08542
con permiso de
C.D. Stampley Enterprises, Inc.

© 2002, 1997 Two-Can Publishing

Para más información sobre libros y multimedia Two-Can, llame al teléfono 1-609-921-6700, fax 1-609-921-3349, o consulte nuestro sitio web http://www.two-canpublishing.com

Texto: Francesca Baines
Asesor: Matthew Robertson
Arte: Alan Male, Stuart Trotter
Arte en computación: D. Oliver
Fotografía en comisión: Steve Gorton
Director editorial: Jane Wilsher
Director arte: Carole Orbell
Director producción: Lorraine Estelle
Responsable proyecto: Eljay Yildirim
Editores: Belinda Webster, Deborah Kespert
Asistentes editoriales: Julia Hillyard, Claire Yude
Editor co-edición: Leila Peerun
Investigación en fotografía: Dipika Palmer-Jenkins
Traducción al español: María Teresa Sanz

HC ISBN 1-58728-644-0
SC ISBN 1-58728-701-3

HC 1 2 3 4 5 6 7 8 9 10 05 04 03
SC 1 2 3 4 5 6 7 8 9 10 05 04 03

Créditos fotográficos: Bruce Coleman (C&S Hood) p12-13, (Hans Reinhard) p25d; Oxford Scientific Films (Fred Bavendem) p18s, (Max Gibbs) p10s, (Howard Hall) p9c, (Richard Hermann) p11, (William Paton) p24-25; Photographers Library p4-5; Planet Earth Pictures (Peter David) p16i, (Ken Lucas) p21c, (William Smithey) p28s, (Norbert Wu) p8i; Tony Stone Images p5s, p20s, p26, p29; Telegraph Colour Library cubierta, p23s; Zefa p15s, p19, p27, p28i.

Impreso en Hong Kong